Livre d'Or

....

....

D1731288

....

better notes

© Better Notes · Kochhannstr. 30 · 10249 Berlin · info@betternotes.de · www.betternotes.de

Auteur et conception de la couverture: Ilya Malyanov / ilyamalyanov.com

Nom:

....

Les meilleures Vœux:

....
....
....
....
....
....
....
....
....

La plus belle photo :

Nom:

....

Les meilleures Vœux:

....

....

....

....

....

....

....

....

....

La plus belle photo:

Nom:

....

Les meilleures Vœux:

....

....

....

....

....

....

....

....

....

La plus belle photo :

NOM:

....

LES MEILLEURES VŒUX:

....
....
....
....
....
....
....
....
....
....

La plus belle photo:

NOM:

....

LES MEILLEURES VŒUX:

....
....
....
....
....
....
....
....
....

La plus belle photo :

NOM:

....

LES MEILLEURES VŒUX:

....
....
....
....
....
....
....
....
....

La plus belle photo :

Nom:

....

Les meilleures Vœux:

....

....

....

....

....

....

....

....

....

La plus belle photo :

Nom :

....

Les meilleures Vœux :

....
....
....
....
....
....
....
....
....

La plus belle photo:

Nom:

....

Les meilleures Vœux:

....
....
....
....
....
....
....
....
....
....

La plus belle photo :

NOM:

....

LES MEILLEURES VŒUX:

....

....

....

....

....

....

....

....

....

....

La plus belle photo :

NOM:

....

LES MEILLEURES VŒUX:

....
....
....
....
....
....
....
....
....
....

LA PLUS BELLE PHOTO:

NOM:

....

LES MEILLEURES VŒUX:

La plus belle photo:

NOM:

....

LES MEILLEURES VŒUX:

....
....
....
....
....
....
....
....
....

LA PLUS BELLE PHOTO :

NOM:

....

LES MEILLEURES VŒUX:

....
....
....
....
....
....
....
....
....
....

La plus belle photo :

Nom:

....

Les meilleures Vœux:

....
....
....
....
....
....
....
....
....
....

LA PLUS BELLE PHOTO :

NOM:

....

LES MEILLEURES VŒUX:

La plus belle photo:

NOM:

....

LES MEILLEURES VŒUX:

....
....
....
....
....
....
....
....
....

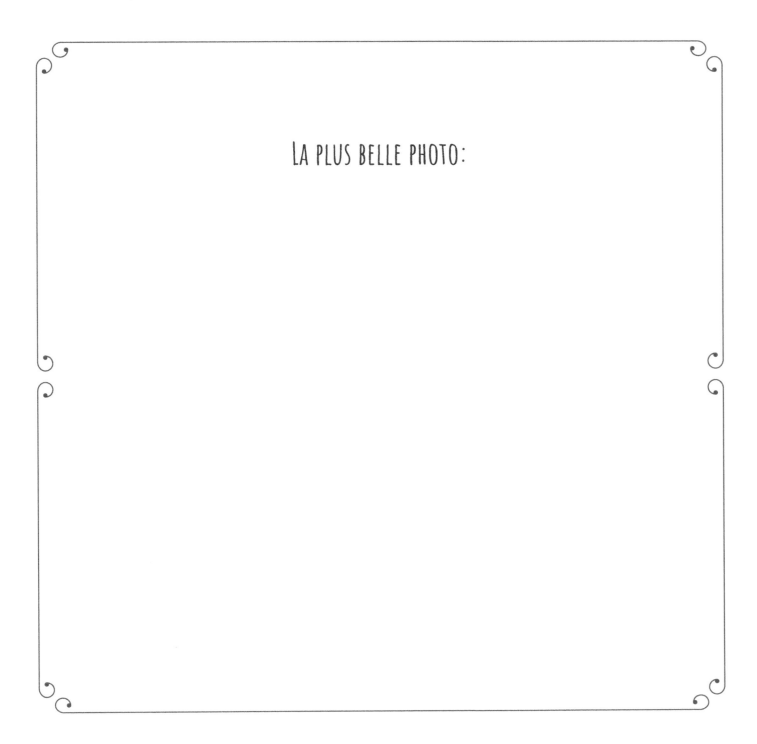

La plus belle photo:

NOM:

....

LES MEILLEURES VŒUX:

....
....
....
....
....
....
....
....
....
....

La plus belle photo:

NOM:

....

LES MEILLEURES VŒUX:

....
....
....
....
....
....
....
....
....
....

La plus belle photo :

Nom:

....

Les meilleures Vœux:

....
....
....
....
....
....
....
....
....
....

La plus belle photo :

NOM:

....

LES MEILLEURES VŒUX:

....
....
....
....
....
....
....
....
....

La plus belle photo :

Nom:

....

Les meilleures Vœux:

....
....
....
....
....
....
....
....
....
....

La plus belle photo :

NOM:

....

LES MEILLEURES VŒUX:

....
....
....
....
....
....
....
....
....

La plus belle photo :

NOM:

....

LES MEILLEURES VŒUX:

....
....
....
....
....
....
....
....
....
....

La plus belle photo :

NOM:

....

LES MEILLEURES VŒUX:

La plus belle photo :

NOM:

....

Les meilleures Vœux:

....
....
....
....
....
....
....
....
....

LA PLUS BELLE PHOTO:

Nom:

....

Les meilleures Vœux:

....
....
....
....
....
....
....
....
....
....

La plus belle photo :

NOM:

....

LES MEILLEURES VŒUX:

....
....
....
....
....
....
....
....
....
....

La plus belle photo :

NOM:

....

LES MEILLEURES VŒUX:

....
....
....
....
....
....
....
....
....
....

LA PLUS BELLE PHOTO:

NOM:

....

LES MEILLEURES VŒUX:

....
....
....
....
....
....
....
....
....

La plus belle photo:

Nom:

....

Les meilleures Vœux:

....
....
....
....
....
....
....
....
....
....

La plus belle photo:

Nom:

....

Les meilleures Vœux:

....
....
....
....
....
....
....
....
....
....

LA PLUS BELLE PHOTO :

NOM:

....

LES MEILLEURES VŒUX:

....
....
....
....
....
....
....
....
....

La plus belle photo:

NOM:

....

LES MEILLEURES VŒUX:

....
....
....
....
....
....
....
....
....
....

La plus belle photo :

NOM:

....

LES MEILLEURES VŒUX:

....
....
....
....
....
....
....
....
....
....

La plus belle photo:

NOM:

....

LES MEILLEURES VŒUX:

....

....

....

....

....

....

....

....

....

La plus belle photo:

NOM:

....

LES MEILLEURES VŒUX:

....
....
....
....
....
....
....
....
....
....

LA PLUS BELLE PHOTO:

NOM:

....

LES MEILLEURES VŒUX:

....

....

....

....

....

....

....

....

....

LA PLUS BELLE PHOTO:

NOM:

....

LES MEILLEURES VŒUX:

....
....
....
....
....
....
....
....
....

La plus belle photo:

NOM:

....

LES MEILLEURES VŒUX:

....
....
....
....
....
....
....
....
....

La plus belle photo :

Nom:

....

Les meilleures Vœux:

....
....
....
....
....
....
....
....
....

Printed in France by Amazon
Brétigny-sur-Orge, FR

20781368R00047